AF276877

RESUMEN DEL ACTA DEL JURADO

Reunido en el Teatro Zorrilla de Valladolid el día 4 de marzo de 2024, el jurado del X Premio Internacional de Poesía José Zorrilla, patrocinado por Inciativas Teatrales, bajo la presidencia de honor de Luis María Anson y compuesto por Carlos Aganzo, Jorge de Arco, Luis Alberto de Cuenca, Jesús Fonseca, Fermín Herrero y Raquel Lanseros, decidió por mayoría otorgar el premio al mejor libro de poemas a la obra *Cantar para nadie,* de la que resultó ser autora Araceli Fernández León.

poesía Hiperión, 840
ARACELI FERNÁNDEZ LEÓN
CANTAR PARA NADIE

Araceli Fernández León

Cantar
para nadie

X P<small>REMIO</small> I<small>NTERNACIONAL DE</small> P<small>OESÍA</small> J<small>OSÉ</small> Z<small>ORRILLA</small>

Hiperión

poesía Hiperión
Colección creada en 1975 por Maite Merodio y Jesús Munárriz
Diseño gráfico: Equipo 109
Dibujo de cubierta: Sobre un linograbado
de 1920 de Heinrich Hoerle (1895-1936)

Primera edición: 2024
© *Copyright* Araceli Fernández León 2024
Derechos de edición reservados: EDICIONES HIPERIÓN, S. L.
Calle de Salustiano Olózaga, 14 • 28001 Madrid • Teléfono 91 577 60 15
http//www.hiperion.com • e-mail: info@hiperion.com
ISBN: 978-84-9002-242-9 • Depósito legal: GR 1340-2024
Entorno Gráfico • Atarfe • Granada

IMPRESO EN ESPAÑA • UNIÓN EUROPEA

¿Oye alguien mi canción?

José Lezama Lima

Yo no digo mi canción
sino a quien conmigo va.
Anónimo («Romance
del conde Arnaldos»)

LA CANTORA

Yo era una piedra y eché a volar.
Pero la gravedad sembró su fruto
en mi vientre.
Después de nueve meses
di a luz un desierto.
Caminé sobre él durante cuarenta días
y ni una sola llaga.
Me fui volviendo un chacal.
La arena enviaba ofrendas,
tantas como granos de palabras al poeta.
A la hora de comer, cazaba.
A la hora de beber, llovía.
Todo cuanto necesité me fue concedido.
Me olvidé del mar.
Aullé sin ser juzgado.
Fui feliz durante años.
Pero una vida animal;
una vida dotada de colmillos y garras
siempre termina siendo una vida solitaria.
Ahora que deseo un laúd,
Dios me entrega estas cuerdas.
Ahora que quiero cantar,
ya no quedan milagros.

BAILE

De niña bailaba con mi hermana
en la feria del pueblo.
Su mano izquierda en mi hombro.
Mi mano derecha una armadura.
Siempre quería hacer de hombre.
Pero no de cualquier hombre.
La llevaba por la pista
como si quisiera mostrarle el mundo.
Solo que yo tenía las piernas del diablo
y la entraña de poeta.
Una mala combinación, una mala coreografía.
Mi madre, mujer sabia,
ya advertía lo que sería una vuelta,
un revés, un contratiempo.
Mi padre sonreía. No tuvo varón.
Casi todos los niños sueñan ser como sus padres
por amor a sus padres.
Eso quería yo, ser un ángel, como mi padre.
Tener las piernas sagradas
y el corazón bendito de mi padre.
Pero no el corazón de cualquier hombre.

EL DOLOR Y SU INSTRUMENTO

Algo para medir el dolor.
Se murió mi madre sin ver ese aparato.
Aunque digan que el poema es el instrumento.
Aunque te digan y te digas que escribir un dolor
resulta doblemente doloroso.
Aunque te digan siempre que el poema es justo,
que la vida es justa.
Entonces haces fuerza, con el corazón y los puños
haces fuerza como nunca la habías hecho.
¿Cómo fue su dolor?
¿Cuánto dolió ese perro que le mordió los pulmones?
¿Cómo puede ser que al escribirlo ya no sea el mismo?
¿Qué experto fingidor podría nombrarlo
si ni yo que soy su hija lo consigo?
¿Un poeta? ¿Un médico poeta?
Mi mano llora. Mi hermana llora. Mis hijos lloran.
Se murió mi madre sin que el poema ni yo le hiciéramos justicia.

PRÓTESIS

Mi madre tenía las rodillas de titanio,
masa atómica,
metal ligero y resistente que, según leí,
se emplea para fabricar aviones y barcos.
Sin embargo, nunca fue barco ni avión.
Solo grano y raíz, hueso plateado entre la carne
que nunca ha visto la muerte.
La muerte no tiene familia.
La muerte no tiene casa.
La conozco.
Es la misma que se llevó a mi padre.
Se sentó a su izquierda sin mediar palabra,
como un extraño en un tren de cercanías.
Pero yo estaba justo a su derecha.
No será polvo del todo mi madre.

LA CASA Y YO

La casa donde nací se volverá un fantasma. El frío de la casa helará los ojos. Los brotes de las patatas bloquearán el paso. Pero ahora vuelvo a ser la niña que arañaba la pared saltando en el tiempo. Puedo ver a los nuevos dueños. ¿Serán capaces de entrar? ¿Escucharán esta música? La vendieron porque daba miedo entrar en ella, daba miedo cruzar el pasillo, desmembrar las raíces que podrían ser mis raíces, volverse amnésico, un animal, el verdugo de sus propios cuerpos. ¿Qué fue de los dueños?, preguntan los nuevos dueños. ¿De qué murieron? ¿Eran carniceros, comerciantes, tal vez poetas? Entonces entran, entran sigilosos como máquinas de caza, queman los libros, atacan, hunden sus colmillos en el corazón de las cosas, tiñen de rojo las vísceras de las cosas como si nada importara, como si ya nada sirviera. Hambrienta y llena de luz, cierro las ventanas y me encierro. Araño, porque ya los veo venir, ya los veo venir. ¡Ya!

POSESIONES

Hubo una vez un juego. Acuérdate.
Consistía en poner nuestros juguetes en una hilera
como quien atraviesa una niebla invisible,
o como quien planta árboles en un bosque oscuro.
Sin firmas ni boletos.
Lo que hoy era mío mañana era tuyo.
Jugar no era un verbo, sino un símbolo,
algo que entró en nosotras por cualquier resquicio.
No notamos sus manos de fantasma.
Acuérdate de aquel parvo patrimonio.
Sin contar la gata muda,
una casita en la esquina, un puzzle enfermo.
Una muñeca que nunca nos gustó.
Decir hasta diez lo que algún día serían posesiones
definitivamente nuestras,
como si alguien,
desde arriba,
estuviera señalando.

LA ENFERMA

Me bautizaron con la fiebre. El día de mi comunión sufrí gastroenteritis. En mi matrimonio, varicela. Con los sacramentos, la bondad y la gracia de Dios venían a mí de esta forma. Dejé de ir a la iglesia por miedo a enfermar. Ahora estoy infectada de amor. Ahora llego a las puertas del mundo para llamar al mundo. Aquí afuera es el mundo. La gran consulta cósmica, órbita de cardiología, puerta a la vida que mueve la vida de cualquier vida. En las puertas del cielo donde Miguel y sus ángeles lucharon contra el dragón, se agolpan cristianos. En las del mundo se alinean poetas. Sístole. Diástole. No vengo a ser poeta. Yo vengo a la sanación. Yo abro la Biblia y leo. Leer la Biblia es comulgar con la poesía. Si la palabra me quema en la boca y le cuento mis pecados, ella siempre me perdona.

LA TARARA

Todos los días canto en la casa del Señor.
Este animal de mi garganta
suena a charanga,
a metal de los arrabales.

Los amigos son los discípulos que hacen los coros.
Erramos en directo.

Mi hermana pasa el cepillo
como quien recoge naranjas de un árbol.
Un árbol altísimo como el cielo del cielo.

Venid a comer, dice mi madre.
Entonces nos sentamos a su mesa
que es el mejor sitio donde uno puede alimentarse.

Hierro puro precisa el animal.
Hierro forjado con la sangre de sus manos
y los golpes de su vida.
Hierro moldeado con el yunque de su aliento.

El animal se lo come todo, pero siempre se queda con hambre.
Mi hermana ofrece su plato, no come,
tiene más fe en mí que los devotos, más fe que los santos.
Los santos levantan sus manos con gesto de no comprender.
Los santos no entienden de sacrificios.

VIDA DE SANTOS

Al terminar la misa,
los santos de esta iglesia
olvidan recoger su aureola.
Adentro de ese halo están sus pensamientos.
Hablan de mí que soy nadie.
Nadie fue Odiseo y nadie quiero ser
el resto de mis días.
He aquí mi pensamiento
escrito por obra y gracia de nadie.
He aquí la religión de nadie y la fe de nadie.
He aquí preguntándome si seguirán siendo santos
estos Santos o habrán dejado de serlo
sin sus santos pensamientos.
Preguntándome
qué Santos son estos
que a nadie bendicen.

EL PADRE PEDRO LEÓN

Vimos a Dios.
Dios revelado.
Dios desbocado.
Dios moldeado encima de la tierra
y en nombre de la vida.
Dios a vista de pájaro y Dios a vista de poeta.
Él sí que estaba en todas partes y en cada una de las cosas.
Viajó por todo el mundo, de misión en misión,
de cruz en cruz, clavo sobre clavo.
Con Él aprendimos a entonar el Padre Nuestro
mucho mejor de lo que se puede entonar un poema.
Eso sí que era un milagro.
Eso sí que era poesía.
Creíamos en Él porque no necesitábamos la fe,
ni guerreros, ni héroes a caballo.
La palabra tiempo no era nada.
Hay dos errores en la Biblia.
Dios no tuvo hijos.
Dios murió a los ochenta años.
Desde entonces no hemos visto a Dios.

APOCALIPSIS

La luna era un pan redondo de mil pechos,
nos alimentaba hasta el alba.
La piel endurecida, los pies descalzos.
Era como el principio de un gran poema.
Nadie tenía que esperar la muerte,
ni siquiera sabíamos llorar.
Mi padre fue el único hombre
que sobrevivió a esa intemperie,
mi madre juró no haberse tragado
ningún pájaro negro.
Había una lámpara quemándonos,
cada día oscurecíamos más rápido.
Después todo cambió.
Algo tocó nuestra frente.

CUARENTA GRADOS BAJO CERO

Hace cuarenta grados bajo cero que no vemos el verano.
Nuestras cuencas son dos ojales sin flor en el traje de un muerto.
¿Qué haremos ahora?
Tan solo nos dejaron estas manos
para escribir plegarias y poemas.
Los que nos arrancaron los ojos,
los lanzaron a otro mundo,
a esa misma zanja donde moran sus corazones,
que no podemos ver porque no tienen.

OTRA ÁNIMA VIL

Con Sergio García Zamora

No hay plegaria para esto, desde que entregaste la poesía a ese niño, ya no estoy en paz. No duerme, no duermo, deambulo noche y día con un puñal clavado en el cuello. ¿Qué se le puede dar a un niño? ¿Pastel de chocolate? ¿Un caballito de palo? Escondí sus libros, lo intenté con todo, pero me canta la canción del crucificado hasta crucificarme. Cambia los uniformes de torsos, al general lo viste de soldado, al soldado de general. Los maniquíes enferman en mis brazos, sangran como hombres. Ahora tengo que hacer de enfermera, vendarlos a todos. Ahora tengo que rezar por todos. Mírame, yo que tuve una vida apacible, ya no la tengo. Escúchame. Tú que dices tener el poder absoluto, dale lo que merece. Castígalo, castígalo hasta la extenuación. Que no te devuelva la poesía. Que no pueda dejar de escribir nunca.

LA PANADERA

Desde que llegamos aquí siempre compro en la misma panadería. La mujer que me atiende es la misma que amasa, una mujer delgada con acento onubense a la que su marido llama mamá. «Mamá, voy a salir al reparto. Mamá, a las doce llega el proveedor». Parece agotada, soñolienta, como si hubiera amamantado a un millar de bestias. Sin embargo, me atiende siempre amable: «Buenos días, Mari, ahora mismo te doy lo tuyo», mientras cobra al yonqui del pueblo con el mismo agrado. Yo no la contradigo porque no quiero cansarla más y dejo que me llame así todas las mañanas. Son ya demasiados años para corregir ese nombre en su boca. Mejor dejarlo así. Mari, una más de las criaturas que le devora cada noche los pezones.

ÓLEO Y LÁGRIMA SOBRE LIENZO

Llevo días pensando en la mujer del cuadro.
No necesita cazar ni cocinar.
Se pasa las horas sentada a la derecha del padre
con su cara de virgen y su belleza de madre.
El hijo siempre está en sus brazos.
Descansa como un bendito sin hambre.
La miseria no alcanza el reino.
El reino no alcanza la tierra.
Yo también tengo marido y dos hijos.
¿Por qué sus manos son cisnes y las mías dos cuervos?
¿De dónde salió tanta belleza?
Llevo días preguntando quién me sacó de mi cuadro.

NOTA PARA SALVADOR DALÍ

Todos los que te llamamos loco, nos retorcimos de envidia y nos volvimos cuerdos. Ahora que no estás aspiramos a tu locura. Ahora vivimos sin vivir, tan felices en nuestros manicomios. Perdona nuestras ofensas, no sabíamos qué sería escribir, no sabíamos que eso significaría ser el otro. El dolor del otro. No sabíamos que sería mirarnos adentro.

CARNE Y SÚPLICA

Viendo al carnicero vi a San Juan Bautista. Así que no pedí que cortara ni por aquí, ni por aquí. Solo un tonto pediría eso, pero solo un niño reiría la gracia. El carnicero es un devoto, el poeta un carnicero. Pobres devotos. Alguien pidió un filete y el devoto se cortó el brazo. Como Salomé, alguien pidió la cabeza y el devoto la colocó en la vida. Pero algo tendré que hacer, yo que escribo. Algo he de pedir. No puedo volver todos los días sin nada que echarme a la boca. Por eso ruego a Santa Escritura, madre de la historia y reina de los confesores, que logre librarme de mí misma y me libre de los otros. De los que piden sangre sin ser la sangre. De ser la que sobrevive sin cabeza. Me horrorizan los cuerpos, sobre todo los que andan con la cabeza en otra parte. Que no permita que por ser quien soy un día de estos me haga daño.

ARTE CISORIA

Hacía hambre. El hambre y su H muda que todo lo justificaba. La primera presa que tropezó en mi mano era tan torpe que sudaba y temblaba como yo. Solo un torpe podía tropezar en la guillotina de un torpe. La gallina torpe. La mano torpe. La navaja y el hambre. Siempre el hambre y su H. Con el tiempo vinieron más, y mi mano asustada se fue volviendo una loba hábil y astuta. El venado, el corzo y el gamo fueron viandas que nadie sabía despiezar. Nadie sabía separar los huesos de la parte tierna, no había mano allí que hiciera el trabajo sucio. Pero mi mano loba, ya era la mano derecha del hambre.

BENDITAS DIETAS, MALDITAS DIETAS

Me paso el día elaborando dietas:
dietas proteicas, dietas quema grasa,
dietas que no voy a probar.
Daniel cree que le sobran kilos.
David que necesita masa muscular.
Estos hombres quieren cuerpos de héroes,
estos hombres quieren ser héroes.
David lanza una piedra a Goliat,
Daniel se enfrenta a los leones.
Estos hombres ya tienen cuerpos de héroes.
Estos hombres serán héroes.
Nada puede hacer Goliat
frente a la sabia piedra de David
y los leones hambrientos aman a Daniel,
adoran a Daniel.
Estos hombres ya son héroes.
Me paso el día elaborando dietas,
dietas que no voy a probar.
Soy una mujer sin cuerpo de heroína,
un intento de heroína para estos hombres.

ROBOT DE COCINA

Esto que veis son mis propias recetas.
Un robot de cocina compré.
Ahora estaba salvada,
podría hacer un poema exprés,
picarle hasta los huesos.
Ahora podría alimentar a mi perro
a salvo de atragantarse.
Añadir palabras y olvidarte.
El gran festín para los críticos.
Nada de fuego lento,
haremos un gran banquete, pensé.
Vendrán los amigos y elogiarán mis guisos.
Serán tan buenos como los de mi madre.
Serán poemas tan tiernos
como cuando me hablaba mi madre.
Pobre de mí. Un grandioso robot compré.

EL JUEGO DEL HAMBRE

Parecías un lobo aullando en la noche.
Un hijo más de Dios.
Un hermano que no para de golpearnos.
Tu lengua puntiaguda maldiciéndonos,
tal vez para que nunca te olvidáramos.
Recuerdo ese resplandor.
Tu lucha inútil.
Cómo palidece la carne
después de la navaja.
Madre lavando sus manos,
padre añadiendo romero al fuego
como pidiendo perdón.
En aquel ritual, nuestros corazones
se ponían de acuerdo para cantar
hasta que tus ojos nos parecían
cada vez más hermosos.
Hasta que nuestra culpa se volvía
una palabra de menor tamaño.

RELLENO

Introduzco la empanada en el horno.
Escribo mientras se hace.
Serán solo veinte minutos,
solo veinte minutos bastarán
para que el calor llene de vacíos la masa.
Yo seguiré escribiendo
e iré llenando al mismo tiempo los míos,
al igual que otros llenarán los suyos
con otras cosas.
Como si fuera tan simple.

MESIÁNICA

No escribo, no leo, durante días no pruebo bocado. Busco la ocasión perfecta, la necesidad extrema. Quiero escribir el gran poema, un poema desgarrado o un poema mordedura. Escribir en carne propia y con carne propia lo que nunca escribí o nunca habría escrito. Ya veo el título: «Carnada de poeta». Pasen y lean, vean cómo me devoro a mí misma, primero un brazo y después la pierna. Llena estoy de marcas, me muerdo, me muerdo y me entrego. Tomad y comed todos de él, porque este es mi cuerpo, el negocio del siglo. Hay que alimentar bien al lector, hay que saber devorarse antes de ser devorado porque los lectores adoran esta carne, no una nana que los deje dormidos. Todo lector ansía esta carne, aunque ya esté lleno, todo lector adora la textura de estos textos. Cuando los lectores devoran, sonríen como niños, miran con recelo y corren a enterrar los huesos. Ese es su instinto. Yo sangro y me sacrifico. Todas las noches me muerdo, me muerdo y me crucifico. Y en cada hambre resucito.

LOGOS HOPE

Temo al buque que atracó en Sevilla.
Un buque lleno de libros es un buque lleno de fantasmas.
Temo a esos fantasmas que habitan en él
como se teme al hombre de un solo libro.
Papas y Reyes me esperan para condenarme.
Académicos y filósofos con sus garfios.
Temo poner un pie y que en mí descubran la isla.
Temo a los libros flotantes porque son la mismísima
                                        [reencarnación.
Temo a los libros que hieren, porque esos son los mejores libros.

UNA PIEDRA

Viejo Sísifo, yo también tengo una piedra. Todos tenemos una piedra. Hay piedras tremendas, piedras al rojo vivo, piedras que no quisieras tener que empujar. Quien hizo al hombre, hizo la piedra. A cada boca su H, a cada muda su hacha. Piedra, camino y hambre. Ni siquiera el más inocente se salva, ni siquiera el más listo podrá librase. El manco la empujará sin manos, el cojo la empujará sin piernas. Todos tenemos una piedra única. La empujamos, la empujamos, aunque a la mañana siguiente, cuando amanezca, el día nos la devuelva a los pies de la cama.

PROMETIDA TIERRA PROMETIDA

Mi marido entra con su máquina. Excava en mi cuerpo. Saca con precisión cada Inquietud y la lleva al vertedero estéril de la mina. Pero antes cuida que la Alegría quede adentro. Luego, montado en su buldócer, llega el primer hijo. El hijo paciente que sabe extender la Alegría justo encima de mi corazón. Estoy hecha de una tierra difícil más adentro de la tierra. Nadie como ellos para este trabajo. Nadie sino ellos para adentrarse. Pero cuando más tarde, el segundo hijo, el hijo soldado regresa a la patria a limpiarse del mundo, la cota de la Alegría alcanza el nivel más alto. Se funde. Explota. Corre como un niño por la casa. La casa, dicen otros, es El Dorado, ensueño de los conquistadores que todavía dura. Por eso coronamos la Alegría como Dios manda, sin manto y sin corona. Acuden necios, magnates, figurones. Sacan sus lupas. Miran en las paredes. Miran en el tejado. ¿Dónde está el oro?, preguntan.

LA FRAGUA

Beber alcohol.
Morder un palo.
Meter la mano adentro.
Dar en los puntos adecuados.
Si la mano falla,
cerrar los ojos y dolerse.
Una.
Dos.
Tres veces.
Cincuenta martillazos forjarán la vibración.
El poeta, un hombre de carne y hierro,
nunca olvida ese sonido.

EL RITO

Orinar
era un rito pequeño
de dulzura
en el campo

JUANA CASTRO

Querida Juana, cómo lograr un rito en los fríos baños. No importa que sean públicos o sean propios. Cuatro paredes donde encerrarse. Nunca ocurre el milagro porque no existe milagro. Mira los baños y mira las piernas que no se cansan de inundar su sombra. Nadie puede sacrificarlas. Ya nadie puede hacer de sus piernas unas verdaderas piernas. Estamos perdidos, unos más que otros, estamos perdidos. Los místicos, los románticos, los nadie. Y yo, qué puedo hacer, qué voy a hacer si en la noche mis piernas buscan la libertad del poema, la revolución del poema. Qué hacer si la mano ardiente que tiró de mí me dejó una llama que todavía dura. Querida Juana, frente a los nuevos baños dime algo que me calme, dame alguna esperanza. Algo de mí quedará si voy a arder.

HERMANAS

Cuando pequeña, mi hermana guepardo se orinaba en la cama y lo impregnaba todo de África. Aquello fue pasajero, pero lo mío no. Yo me ensañaba con la pared como quien pretende derribar un muro, o como quien se empeña, para no extinguirse, en escribir un poema. Eran las uñas de una niña que se pronunciaba por las uñas. Entonces venía la poesía, la poesía animal, la fiera, la tremenda. Un verdadero demonio, diría mi abuelo. Yo la miraba, la miraba sin miedo y la dejaba que me inyectara su veneno hasta que me fui volviendo un demonio propio.

LOS GENIOS Y EL MENDIGO

Un demonio. Yo era la aprendiz de demonio que vivía como un demonio en su guarida más honda, en su infierno más alto. Me invitaron a un recital: una sala rodeada de genios y a mi lado alguien que parecía un mendigo. Si miraba a los genios, los envidiaba; si miraba al mendigo, daba más pena que yo. Demasiado atento para mendigo, pensé, demasiado mendigo. Leí un poema, un poema aprendiz que resultó ser un poema mendigo, como suelen ser todos mis poemas. Pero el mendigo leyó un poema. Demonio que nos golpeó en los sesos. Ese día bajé de mis tinieblas. Ese día aprendí la mejor lección de la poesía que pueden recibir los hombres.

ABUELO

Abuelo jugó a adivinarme mucho tiempo. Caminaba despacio, miraba de reojo mientras yo me mantenía inmóvil. Mis secretos infantiles solían dormir con una dulce letanía. Ahora puedo decirlo. Yo fui quien arrancó las flores y estornudó con furia. Yo robé la miel del tarro. Yo fui ese animalillo extraviado de ojos mansos. Solo en su último día creí dejarlo ganar. Acerqué mi boca a su oído y, al pronunciar mi nombre, exhalé una abeja cantarina. Abuelo entrecerró los párpados soltando una leve carcajada con la voluntad absoluta del hombre que agoniza. Después de aquello, jamás volví a hacerme la muerta.

EL MILAGRO

Dicen que es un loco,
pero en realidad es un ciervo
atravesado por una flecha
o una bailarina que salta
de acera a acera sorteando el tráfico.
No saben que la vieja vendedora de castañas
es el oráculo.
La gente baja a desenterrar
sus vehículos del camposanto,
luego conducen hacia la superficie.
Los edificios se hunden, cierran los párpados.
Nadie va hacia la luz.
En la estación Plaza de Armas,
una bandada de cuervos
sobrevuela nuestras cabezas
y nadie se da cuenta.

CRIATURAS

Llevo años cargando mis poemas.
Algunos tienen la fuerza de un tigre
adentro de una jaula.
Otros son criaturas
hechas para vivir afuera.
De la misma sangre y de la misma hembra.
Van donde quiera que voy. En el bolsillo,
en la mochila. Cuando asoman la cabeza al mundo
la gente se acerca y los mira.
Solo muerden a quien quiere ser mordido.

FELINOS

Al anochecer
cuando se han cerrado todas las puertas,
las mujeres limpian pescado
y los gatos se concentran
en un sucio callejón trasero.
Pardos o atigrados, blancos o negros.
Desde una ventana, a todo color,
un anciano pinta el rostro pávido de nuestras espinas.
Pero yo aquí, fumando un cigarrillo,
colgando de una estrella
donde podría pasar una larga temporada.
Alguien murmura, maullido entre maullidos:
«Es la hora de escribir el poema».
Oh, felinos, imitadores del hombre en su única vida.
Oh, poeta, gato entre gatos.

UNA PEQUEÑA DIOSA

Hoy me siento una pequeña diosa.
Hoy tomo una gallina,
la acaricio suavemente
y le coloco la cabeza de un perro.
Al perro la de la gallina.
Ahora hago de ellos un hombre.
El perro está lamiendo sus huesos,
y la gallina que fue
no deja de picotearlo.
Ninguno está a salvo de los otros.

LA FRENTE

Siempre quise una frente plana. Una frente de pájaro para sobrevolar la muerte, o una frente de tigre para enfrentar la jungla. Nunca una prominente y ancha ni un cráneo que pudiera distinguirse entre una montaña de cráneos. Qué remedio que aceptarse si en compensación se me concedió la dureza. No sangró esta nariz a pesar de las golpizas, en cincuenta años, nunca un hueso roto. Es la herencia de tu abuelo. Duros huesos frente a las cosas duras. Alégrate, decían sus frentes perfectas y armónicas. Pero cuánto dura la vida, más dura que mi frente, más dura que un carro de combate o que un búnker de guerra, una vida dura que ve venir de frente una frente curva, que incluso se me adelanta. Cuánto un cráneo entre miles de cráneos.

LOS OJOS

Ay, amor, los ojos son órganos felices, pero también son desgraciados. Ven nacer al hijo, ven crecer al muchacho, ven morir al hombre. Los ojos han visto por sí mismos la felicidad y el dolor ajeno. Redondos, ovalados, verdes o marrones, candentes o mentirosos. Hablar de los ojos desde el punto de vista del poeta, es volverse teórico. Pero hablar desde el tercer ojo del poeta, podría resultar peligroso. Mejor no hablar de ellos, mejor ni nombrarlos. Porque si sigo, si aumento el ritmo, si ando, si aprieto el paso y acabo corriendo, así, como ahora, y me ahogo, mis ojos, no el tercer ojo, seguirían mirando al frente hasta cerrarse y ni siquiera se darían cuenta. Así que antes de que me ahogue, antes de que tus ojos se me queden mirando y se vuelvan unos ojos desgraciados, mejor hablemos de tus manos, esas que hundes en mi pecho señalando lo bueno que tengo. Esas que hacen de este que podría haber sido una tragedia, un poema blando y tierno de esos de los que siempre huyo. Hablemos pues, si tú quieres, de todas esas cosas con las que sueñan los ciegos que han nacido ciegos.

MASCARADAS

Nada mejor que una máscara para cubrir la faz. Nada mejor para ocultarse o protegerse. La Gran Muralla China. La armadura jamás soñada. Una máscara te pregunta, ¿qué vas a ser afuera? ¿Qué historia, qué sombra? Millones de jóvenes máscaras con sus cárceles escamosas. Pero cuando las máscaras envejecen, sus dueños deciden quemarlas. Que ardan. De nada sirve una máscara con fisuras que no puede cumplir su misión como máscara. De nada sirve en un rostro que no desea ocultarse. Cada abertura adquiere un nuevo ascenso, cada grieta habla por sí sola. Qué final de condena. Qué final de batalla. Ahora sus dueños prefieren los libros, los cafés a media tarde, la conversación con los hijos, la conversación que no tuvieron cuando eran las jóvenes máscaras. No vayáis al baile, les dicen. Que cada piel se ajuste a su herida. Que cada rostro se pueda mirar cara a cara.

LAS BUENAS COSTUMBRES

Somos guapos. ¡Guapísimos! Adentro la miseria. Adentro las arrugas. El tiempo es el Diablo que viene por nosotros. Operación nariz. Operación Ego. La gran revuelta de narices queriendo engañar al Diablo. Más listos que el Diablo. Hay que ser belleza porque ahora todo funciona con lo bello. Al demonio los feos. Al demonio los viejos. Comemos mal, pero vestimos bien. Sangramos tras la ropa, pero sonreímos con elegancia. Por la noche lloramos. Durante el día hay que aparentar. Es un arte el dolor. Hay que tener talento para ser un poeta de sociedad.

MONÓLOGO CONTRA JOYCE

Para buscarlo a usted voy a necesitar algo más que fe. Demasiado sacrificio. Demasiada Odisea para un solo día. ¿Dónde se esconde usted? ¿Cuántos hasta ahora lo encontraron? Recorrer Dublín se me hace insoportable. Recorrer Dublín sin viajar a Dublín. A veces me detengo a escribir a ver si al nombrarlo se aparece de una vez en alguna esquina. ¿Se aloja usted en mi cabeza? Cuando preguntan mis hijos qué vamos a cenar esta noche, es usted quien por mí contesta: hígado, corazón, riñones. Señor Joyce, sepa usted que detesto los órganos interiores si no van a ser poemas interiores. Prefiero a Baudelaire y Whitman: esos lobos que siempre asustan.

RECLAMO A JUAN RULFO

Usted, que está allá arriba, que ha cargado el peso de la muerte, la cruz de un hijo y la soledad de los hombres, dígame si no oye alguna señal de algo o ve alguna luz en alguna parte. Si usted supiera la de cuerpos vacíos que andan sueltos por el mundo. Ningún perro que pueda olfatear eso. Ningún poeta que pueda humanizarlos. ¿Sabe usted dónde queda el país de la gente? Sale una luna vieja tan sin ganas que nada ocurre del todo, hay tanto ruido y todo ocurre tan deprisa, que ni siquiera ocurre la vida. ¿Quién diablos haría este llano tan grande? Mire a ver si ya ve algo. Antes de que este cuerpo acabe conmigo y me termine desmoronando, dígame si no oye alguna señal de algo o ve alguna luz en alguna parte.

VOLVER A SPOON RIVER

Llévame a la colina, Lee Masters, hazme un sitio, allí, donde un poeta puede descansar a gusto, donde cualquier poeta acaba siendo más poeta. Un cuerpo entre la caballería de más de doscientos cuerpos adquiere una nueva forma. Un muerto entre el relincho de tantos muertos, se vuelve un potro enfebrecido. Dirás que morí de fiebre, eso dirás, o de cáncer, que ardí en la mina o me suicidé en un puente. En fin, tú sabrás qué hacer. Tú sabrás qué escribir. Nadie mejor que tú para narrar la muerte. Nadie mejor que tú para inventar mi epitafio. Tú mejor que nadie sabrás hacer más heroica mi muerte en la página que en la vida.

EL VUELO

Escribir es igual que embarcar.
Uno quiere ser poeta en las alturas.
Ser el ángel terrible. La Mesías.
Pero el poema puede ir lo mismo a Japón como a Roma.
A la belleza de Roma o al horror de Hiroshima.
Uno quiere destrozar el mundo en el abismo.
Sacudirse el vértigo. Sentarse junto a la ventana.
Son un misterio las ventanas.
Tienes que abrir los ojos y rezar.
Rezar para estrellarse.
Tienes que ver y verte dando vueltas en la misma turbulencia.
¿A dónde van los poetas cuando vuelan?
¿Cuántos habrán sufrido el miedo de no morirse?
Yo soy la pobre que suda viajando.
Yo soy la tonta que goza el mareo de estar viva todavía.

LA GRAN ESCALADA

Subiré a los confines del hombre.
A ver al fin mi rostro.
A matar lo que otros de mí no perdonan.
Todo hombre debe aprender a matarse
como buen humano,
porque lo que hace a un hombre
ser un buen hombre
es matarse a sí mismo y seguir viviendo.
Porque lo que hace a un poeta ser buen poeta
es matarse a sí mismo
hasta que quede de él un solo hombre.
Los hijos pedirán que no vaya,
que no suba todavía.
Prefieren una madre que se escribe
a una poeta que escribe.
A la amiga, a la hermana. A la de siempre.
A la que gracias a ellos
y por amor a ellos sobrevive.
Ignoran que una madre siempre es madre.
Confunden la poesía con la sangre.

Subiré a los confines del hombre.
Les diré que me voy.
A encontrarme conmigo,
para que entiendan.
Les diré que me voy sin irme.

MILICIA

Insatisfechos. Retraídos. Demasiado sensibles. Demasiado impulsivos. Hombres a los que nadie entregará un arma. Madres que ya dormirán tranquilas por esa noche. ¿Qué loco defendería un país del país? ¿Quién más loco podría enfrentarlo? El amado país ha golpeado sus caras y ha golpeado su pecho. Entonces los imposibles reclutas se alistan en la Poesía. Muestran la sangre, sobre todo su sangre todavía fresca en la boca. Abren sus camisas, sus blancas camisas, para que el país contemple la inocencia del país. La poesía es la milicia donde ingresan los mejores soldados.

MODELO 102

Podría haber sido astrónomo, pero el universo estaba demasiado enfadado con nosotros. Mi padre, maquinista en una mina de cobre lo sabe. Mi madre es poeta. Cuando me arrastro bajo un alambre de espino, me acuerdo de ellos y de sus núcleos planetarios sobre la Tierra. De que un brazo es más fuerte con un verso entre los dientes. De que los dientes no pueden prescindir del brazo. Mi uniforme embarrado desprende un sonido mineral. Ya no miro a las estrellas, sino que las estrellas, sorprendidas, me miran a mí, al número ciento dos de la compañía. Este nuevo modelo de soldado: mitad máquina, mitad poema.

LA CENTINELA

Cada canción es una entrega. El ensayo de la vida dura toda una vida. El público es implacable, exige. Quieren guerra para el cuerpo y paz para los oídos. Quieren que su dolor sea el mío y que mi canto sea su canto. Quieren oír lo que nunca escucharon. Ahora no basta ser el soldado, debo ser la fortaleza. Como soldado, como poeta, yo misma me destiné al desierto. Ha llegado la hora de enfrentarme a mí misma. Llevo años guardando la palabra en el armero. Ojalá mi guardia no acabe nunca. Noches de la vida para escribir la vida. No esperar a los tártaros.

MÚSICA Y DESTINO

Afinas el oído para escuchar el mundo, pero solo oyes tu corazón. Tu corazón incansable, esa víscera capaz de bombear siete litros de sangre por minuto. En ese tiempo se puede leer un poema como se puede leer una vida. Harían falta millones de litros y haber vivido lo suficiente para escribirla. Según los médicos, tu corazón anda bien, es solo una taquicardia personal donde de ti depende meter a la criatura en cintura. ¿Cómo fue que tomó el control? ¿En qué momento comenzó la carrera? ¿Cuánto tiempo ha pasado, cuánta sangre ha corrido? Cómo explicarle a un niño, sin que su flujo se detenga, que no hay un destino cierto para el corazón del poeta.

Índice

La primera edición de *Cantar para nadie,* de Araceli Fernández León fue maquetada en los ordenadores de Ediciones Hiperión con tipos Garamond en agosto de 2024 e impresa en los talleres de Entorno Gráfico en el mes de septiembre del año 2024.

DENTE LVPVS, CORNV TAVRVS PETIT